云 南 省 地 方 标 准

沥青路面纤维增强封层技术指南

DB 53/T 755—2016

人民交通出版社股份有限公司
China Communications Press Co.,Ltd.

图书在版编目(CIP)数据

沥青路面纤维增强封层技术指南／云南省公路开发投资有限责任公司，云南公投建设集团有限公司，重庆交通大学编著．— 北京：人民交通出版社股份有限公司，2017.4

ISBN 978-7-114-13782-2

Ⅰ.①沥… Ⅱ.①云… ②云… ③重… Ⅲ.①水泥混凝土路面—稀浆铺装—指南 Ⅳ.①U416.216-62 ②U416.041-62

中国版本图书馆 CIP 数据核字(2017)第 087666 号

书　　名：	沥青路面纤维增强封层技术指南
著　作　者：	云南省公路开发投资有限责任公司　云南公投建设集团有限公司　重庆交通大学
责任编辑：	刘永芬
出版发行：	人民交通出版社股份有限公司
地　　址：	(100011)北京市朝阳区安定门外外馆斜街 3 号
网　　址：	http://www.ccpress.com.cn
销售电话：	(010)59757973
总　经　销：	人民交通出版社股份有限公司发行部
经　　销：	各地新华书店
印　　刷：	北京市密东印刷有限公司
开　　本：	880×1230　1/16
印　　张：	0.75
字　　数：	12 千
版　　次：	2017 年 6 月　第 1 版
印　　次：	2017 年 6 月　第 1 次印刷
书　　号：	ISBN 978-7-114-13782-2
定　　价：	15.00 元

(有印刷、装订质量问题的图书由本公司负责调换)

DB 53/T 755—2016

目 次

前言 II
1 范围 1
2 规范性引用文件 1
3 术语 1
4 材料 1
5 纤维增强封层适用条件 4
6 纤维增强封层施工 4
7 施工质量控制和验收 5

I

前 言

本标准按照 GB/T 1.1—2009《标准化工作导则 第1部分:标准的结构和编写》给出的规则起草。

本标准由云南省公路开发投资有限责任公司提出。

本标准由云南省交通运输标准化技术委员会(YNTC13)归口。

本标准起草单位:云南省公路开发投资有限责任公司、云南公投建设集团有限公司、重庆交通大学。

本标准主要起草人:李国锋、凌天清、唐江、冯恩耀、俞绍秋、蒋鹤、严恒、冯义虎、李佳佳、尹勤思、李昌洲、李文辉、沈盼、郁彩霞、徐正邦。

沥青路面纤维增强封层技术指南

1 范围

本标准规定了沥青路面纤维增强封层的原材料、施工工艺以及质量控制等要求。

本标准适用于高速公路、一、二级公路和城市道路的沥青路面层养护。

2 规范性引用文件

下列文件对于本文件的应用是必不可少的。凡是注日期的引用文件，仅注日期的版本适用于本文件。凡是不注日期的引用文件，其最新版本(包括所有的修改单)适用于本文件。

GB/T 18369　　玻璃纤维无捻粗纱
JTG D50　　公路沥青路面设计规范
JTG F40　　公路沥青路面施工技术规范
JTG H20　　公路技术状况评定标准
JC/T 975　　道桥用防水涂料
CJJ 139　　城市桥梁桥面防水工程技术规程

3 术语

下列术语和定义适用于本文件。

3.1

纤维沥青应力吸收中间层

由改性乳化沥青和无碱玻璃纤维组成，铺筑在半刚性基层与沥青路面之间或者水泥混凝土路面与沥青混合料罩面层之间，以及新旧沥青结构层之间的，具有高变形能力的结构层。

3.2

纤维增强封层

由纤维沥青应力吸收中间层和摊铺于其上的沥青混合料薄层罩面层构成的封层。

3.3

基面

在施工纤维沥青应力吸收中间层前经处理后的结构面。

4 材料

4.1 改性乳化沥青

4.1.1 改性乳化沥青相应的技术指标应符合表1和表2的要求。

表1 改性乳化沥青技术要求

试验项目		单位	质量要求	试验方法
破乳速度		—	快裂或中裂	T 0658
筛上剩余量(1.18mm)		%	≤0.1	T 0652
黏度	恩格拉黏度 E_{25}	—	1~10	T 0622
	沥青标准黏度 $C_{25,3}$	s	8~25	T 0621
蒸发残留物	含量	%	≥50	T 0651
	针入度(100g,25℃,5s)	0.1mm	40~120	T 0604
	软化点	℃	≥50	T 0606
	延度(5℃)	cm	≥20	T 0605
	溶解度(三氯乙烯)	%	≥97.5	T 0607
	与矿料的黏附性,裹覆面积	—	≥2/3	T 0654
储存稳定性	1d	%	≤1	T 0655
	5d	%	≤5	T 0655

注:1. 破乳速度、与集料黏附性、拌和试验,与所使用的石料品种有关。工程上施工质量检验时应采用实际的石料试验,仅进行产品质量评定时可不对这些指标提出要求。
注:2. 储存稳定性根据施工实际情况选择试验天数,通常采用5d,乳液生产后能在第二天使用完时也可选用1d。个别情况下,改性乳化沥青5d的储存稳定性难以满足要求,如果经搅拌后能够达到均匀一致并不影响正常使用,此时要求改性乳化沥青运至工地后存放在附有搅拌装置的储存罐内,并不断地进行搅拌,否则不准使用。
注:3. 当改性乳化沥青或特种改性乳化沥青需要在低温冰冻条件下储存或使用时,尚需按 T 0656 进行 -5℃ 低温储存稳定性试验,要求没有粗颗粒,不结块。

表2 改性乳化沥青的技术指标

项目		高速公路、一级公路质量要求	二级公路质量要求
外观		棕黑色或黑褐色液体,经搅拌后无凝胶、结块、呈均匀状态	
固体含量(%)		≥50	≥45
表干时间(h)		4	
实干时间(h)		8	
耐热度(℃)		160	140
不透水性,0.3MPa,30min		不透水	
低温柔度(℃)		-25	-15
拉伸强度(MPa)		1.0	0.5
断裂延伸率(%)		≥800	
盐处理	拉伸强度保持率(%)	≥80	
	断裂延伸率(%)	≥800	
	低温柔度(℃)	-20	-10
	质量增加(%)	≤2.0	

表 2（续）

项　目		高速公路、一级公路质量要求	二级公路质量要求
热老化	拉伸强度保持率(%)	≥80	
	断裂延伸率(%)	≥600	
	低温柔度(℃)	-20	-10
	加热伸缩率(%)	≤1.0	
	质量损失(%)	≤1.0	
热碾压后抗渗性,0.1MPa,30min		不渗水	
纤维增强应力吸收中间层与水泥混凝土或沥青混凝土基面20℃黏结强度(MPa)		≥0.6	≥0.4
50℃剪切强度(MPa)		≥0.20	≥0.15
50℃黏结强度(MPa)		≥0.10	≥0.05
接缝变形能力		10000次循环无破坏	
注：本表来源于JC/T 975，试验方法按照JC/T 975相关要求进行			

4.1.2 改性乳化沥青的储运、保管应符合JC/T 975中相关规定。

4.2 无碱玻璃纤维

无碱玻璃纤维在使用时应检测其外观，不应有影响使用的污渍、杂质、毛羽等缺陷。其颜色应均匀，纱筒应紧密、规则地卷绕成圆筒状，以方便退绕。其技术指标应满足表3中的要求。

表3 无碱玻璃纤维技术指标要求

指　标	要　求	备　注
碱金属氧化物含量(%)	≤0.5	
线密度(tex)	2400	测得平均值相对于公称值得允差为±8%，测定值变异系数不大于6%
含水率(%)	≤0.2	
断裂强度(N/tex)	≥0.3	
硬挺度(mm)	80~200	测定值极差应不大于30mm
短切率(%)	≥95	
分散率(%)	≥95	
注：试验方法按照GB/T 18369相关要求进行		

4.3 沥青混合料薄层罩面层材料要求

沥青混合料薄层罩面层相关材料应满足JTG F40中的相关技术要求。

5 纤维增强封层适用条件

纤维增强封层使用于原路面的结构强度系数(PSSI)为中等以上且路面状况指数(PCI)评价为良及以上的沥青路面。

6 纤维增强封层施工

6.1 路面调查、评价与原路面处治

6.1.1 原路面调查、评价

应按JTJ H20中规定的调查频率对路面状况各项评价标准进行调查，采集路况数据，并进行路面状况评定。

6.1.2 原路面处治

6.1.2.1 为使基面有一定的粗糙度，宜用钢丝打磨机清理原路面，再用真空吸尘机吸出杂物与浮尘，使基面清洁干净。

6.1.2.2 对于宽度大于3mm的裂缝，应先对裂缝进行封缝处理。

6.1.2.3 对于车辙深度大于10mm的路面可采用铣刨清除或填平的方式进行处理。

6.1.2.4 对于局部有坑洞的桥面或隧道混凝土宜采用环氧或聚合物砂浆修补找平。

6.1.2.5 对于局部有坑洞旧沥青路面宜采用同结构的沥青混凝土进行修补。

6.2 施工准备

6.2.1 施工环境条件

宜在气温高于5℃、基面温度高于0℃时进行施工，不宜在下雨和风力大于5级时进行施工。

6.2.2 施工设备

6.2.2.1 纤维沥青应力吸收中间层施工宜采用附带有剪切功能、喷洒功能的专用施工车辆。

6.2.2.2 无碱玻璃纤维增强材料切割后长度宜为60mm。

6.2.2.3 施工前应检测施工车的计量系统、管道输送系统等，保证计量准确、管道通畅、剪切均匀。

6.3 施工方法

6.3.1 纤维沥青应力吸收中间层施工

6.3.1.1 同一项目应采用同一种施工方式、选用同一型号规格的无碱玻璃纤维、改性乳化沥青进行施工。

6.3.1.2 对大面积施工应采用专用施工车辆进行施工，对于局部补喷宜采用人工方式进行施工。

6.3.1.3 纤维沥青应力吸收中间层的施工宜采用无碱玻璃纤维并用同步切割喷涂技术，使改性乳化沥青与无碱玻璃纤维混合均匀，使纤维沥青应力吸收中间层洒布均匀。

6.3.1.4 纤维沥青应力吸收中间层分为三次喷涂，第一、三次直接喷涂改性乳化沥青，第二次喷涂时同步加入无碱玻璃纤维，保证纤维分散均匀。无碱玻璃纤维与改性乳化沥青用量宜按照表4选用。

表4 无碱玻璃纤维与改性乳化沥青用量

公路等级	高速公路、一级公路	二级公路
无碱玻璃纤维用量（g/m²）	90~130	80~110
改性乳化沥青用量（kg/m²）	2.3~3.0	2.0~2.6
注：无碱玻璃纤维用量较高时，相应的改性乳化沥青用量应取高值。此外，当基面空隙率较大或微裂缝较多时，应根据无碱玻璃纤维与改性乳化沥青裹覆状态，适当提高改性乳化沥青用量，使两者充分裹覆		

6.3.1.5 纤维沥青应力吸收中间层铺设完毕后马上进行盖膜保护，在未进行薄层罩面前禁止车辆和行人通过。

6.3.2 沥青混合料薄层罩面施工

6.3.2.1 沥青混合料薄层罩面层的施工应按照JTG F40中相关要求执行。

7 施工质量控制和验收

7.1 施工前材料检测

7.1.1 纤维沥青应力吸收中间层施工前应对改性乳化沥青和无碱玻璃纤维按照相应材料的产品标准进行抽样检测。

7.1.2 沥青混凝土薄层罩面施工前材料检测应按照JTG F40中相关要求进行。

7.2 施工现场检测

7.2.1 纤维沥青应力吸收中间层检测区面积每次为1m²，试验检测频率应符合表5的规定，具体检测次数通过内插法确定。

表5 纤维沥青应力吸收中间层检测频率

检测面积（m²）	工程性质	
	高速公路、一级公路路面及桥面（次）	二级公路路面及桥面（次）
<1000	5	3
<5000	6~10	4~7
<10000	11~15	8~10
≥10000	以10000为单位进行计算，小于10000部分单独计算	以10000为单位进行计算，小于10000部分单独计算

7.2.2 主要检测内容

7.2.2.1 外观质量

a) 漏刷面积不得超过总面积的0.1%。
b) 不得有空鼓、翘边。
c) 防水层和雨水口、伸缩缝、道牙衔接处应密封。

7.2.2.2 纤维沥青应力吸收中间层与基面间的黏结强度应按照CJJ 139中试验方法进行检测，黏结强度值应满足表6的要求。

表6 纤维沥青应力吸收中间层与基面的黏结强度

表面温度(℃)	20	30	40	50
黏结强度(MPa)	0.4	0.3	0.25	0.2
注:其他温度的黏结强度应根据内插法确定				

7.2.2.3 纤维沥青应力吸收中间层与沥青混合料薄层罩面的黏结强度应按照CJJ 139中的试验方法进行检测,黏结强度值应满足表7的要求。

表7 纤维沥青应力吸收中间层与薄层罩面的黏结强度

温度(℃)	10	20	30	40	50
黏结强度(MPa)	0.40	0.35	0.30	0.10	0.05
注:其他温度的黏结强度应根据内插法确定					

7.2.2.4 沥青混凝土薄层罩面层施工质量应满足JTG F40中的相关要求。

版权专有　不得翻印　侵权必究
举报电话:(0871)63215571